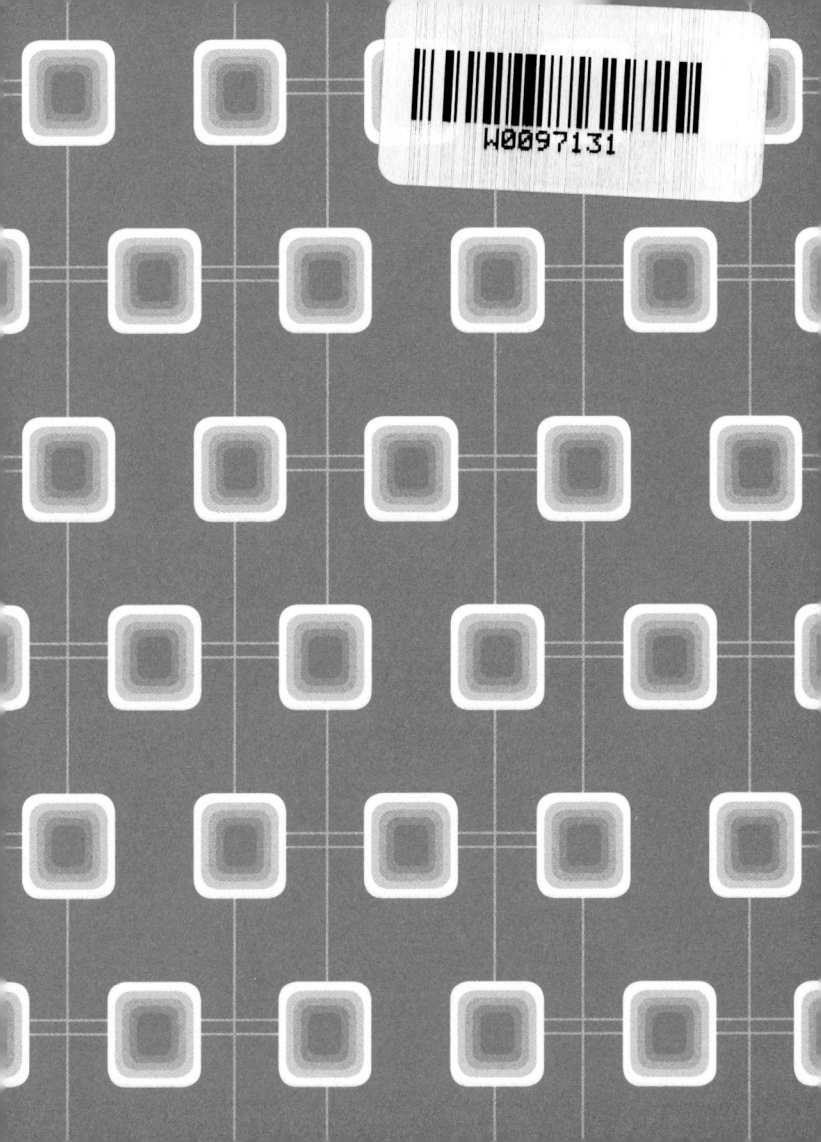

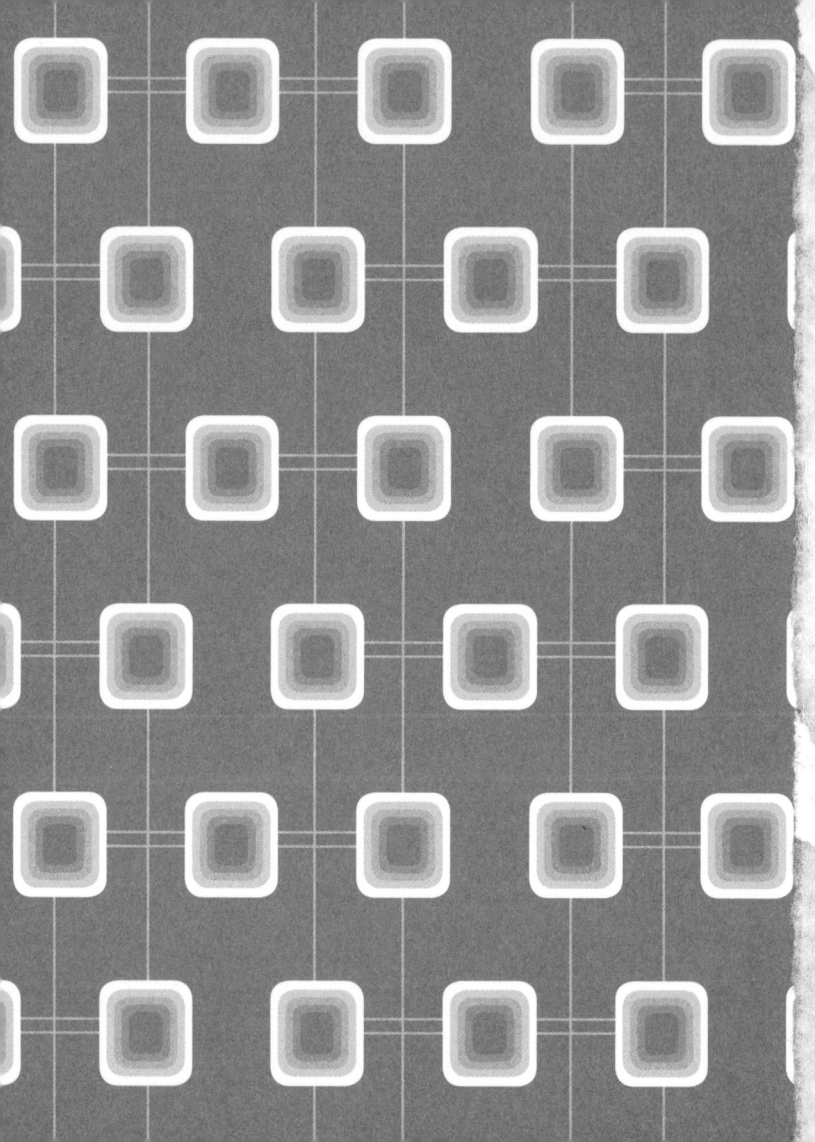

Sebastian Münz

Das schlaue Buch vom *Flohmarkt*

Was der Profi alles weiß

Illustrationen von
Gudrun Bürgin

KNESEBECK

Inhalt

Einleitung 8

Kaufen – Viele schöne Dinge für wenig Geld

Mehrfach sinnvoll
Flohmarkt schont die Umwelt und macht Spaß 12

Used to buy used
Gebrauchtes muss nicht schlechter sein als Neues 14

So wie meins, keins
Individualität ohne Ende 16

Früher Vogel fängt den Wurm
Aber später bekommt man ihn billiger 18

Klamotten kaufen
Secondhand ohne Reue 20

Vorsicht, Falle
Zweimal hinschauen oder ganz sein lassen 22

Plagiat & Co.
Achtung, nachgemacht 24

Direkt vom Erzeuger
Ethno ganz authentisch 26

Aus grauer Vorzeit
Retro ganz authentisch 28

Erwarten Sie keine Kulturschätze
Antiquitäten findet man woanders 30

Kleine Schätze
Damit können Sie schon mal rechnen 32

Vorsicht, Sucht
Und wie man ihrer Herr wird 34

Flöhe hüten ist leichter
Kinderflohmärkte 36

Heilige Scheinchen
Wenn Gemeinden trödeln 38

Handeln – Von Krieg und Frieden am Tapeziertisch

Hier bin ich Mensch, hier kauf ich ein
Menschliches, Allzumenschliches 42

Alles frei verhandelbar?
Mechanismen und Hintergründe 44

Deutsch–Kunde, Kunde–Deutsch
Was Preisanfragen wirklich bedeuten 46

Klare Vorstellungen
Vorher informiert, ist nachher mehr Geld 48

Kleinvieh macht auch Mist
100 mal 3 ist mehr als 100 mal 1 Euro 50

Je nach Nase
Geben ist seliger denn nehmen, aber … 52

Verkaufen – Versilbern statt entsorgen

Richtig Geld im Spiel
Bei jedem schlummern Hunderte Euro 56

Wo verkaufen?
Flohmarktlagen und -veranstalter 58

Und wo finde ich die?
Mediennutzung vor dem Flohmarkt 60

Was kostet der Spaß?
Standgebühren ohne Ende 62

Flohs Grundausstattung
Never leave home without it 64

Die Infanterie
Verteidigen Sie Ihren Stand, so gut es geht 66

Klein-Klein
Der Stand selbst und seine Umgebung 68

Vergebliche Liebesmüh
Kunsthandwerk auf dem Flohmarkt verkaufen 70

Wie viel kann ich verlangen?
Je nach Warenart verschieden 72

Völlig unterbewertet
Bücher auf dem Flohmarkt 74

Stimmung!
Atmosphärische Unterstützung für mehr Spaß 76

Was fürs Auge
Das Flohmarktpublikum 78

Blablablubb
Die dümmsten Sprüche am Tapeziertisch 80

Verkaufen im Winter
Der Hallenflohmarkt 82

Flohmarkt modern – eBay und andere Internetbörsen

Die Gretchenfrage
Flohmarkt off- oder online? 86

Pros und Contras
Wann lohnt sich welcher Markt? 88

Informationsquelle #1
Preisauskünfte auf eBay 90

Flohmarkt 2050: Alles anders oder so weiter? 92

Danksagung 94
Die Autoren 95

Einleitung

Seit Flohmärkte in Deutschland Anfang der 1970er Jahre in Mode kamen, haben sie jede geeignete Uferpromenade, jede Fußgängerzone und jeden Festplatz erobert. Wo vorgestern noch das Unkraut um die Wette wuchs, wechseln heute einmal pro Woche ganze Wohnungseinrichtungen ihren Besitzer. Deutschland ist zu einem Land der Kleinhändler geworden – jeder sein eigener Krämer, ob am Marktstand oder am heimischen PC. Studenten finanzieren auf diese Weise die teuren Studiengebühren, Rentner bessern ihre Haushaltskasse auf, und Familien bilden Rücklagen für den nächsten Urlaub.

Hartnäckig überdauernde Retrotrends bescheren längst vergessen Geglaubtem eine oder mehrere Renaissancen. Vorbei sind auch die Zeiten, in denen Biedermeiermöbel achtlos zum Sperrmüll gestellt wurden. Heute findet sich bestimmt irgendjemand, der die aus dem Leim gegangene Pfeilerkommode vor dem Untergang retten will – und gut dafür zahlt.

Wir begeben uns nun auf eine Reise in die Welt der Tapeziertische, werfen einen Blick hinter die doppelten Wände in Omas Anrichte, stolpern über die eine oder andere modrige Klamottenkiste und stoßen dabei auf viele große und kleinere Schätze.

Halunken versuchen uns Elektroartikel anzudrehen, die angeblich »tipptopp funktionieren«, die aber kein Schrotthändler haben möchte. Ahnungslose trennen sich für einen Appel und ein Ei von ihren Erbstücken. Vornehme Damen mit großen Hüten und spitzem Mund präsentieren ihre Rosenthal-Sammelteller, Studenten bieten Klamotten an, die sie ihrerseits schon im Secondhandladen erstanden haben. Der Reggaefreak verkauft nicht ganz zufällig auch Wasserpfeifen, und die DVDs am nächsten Stand mögen angesichts ihres niedrigen Preises nicht ganz legal in einem benachbarten Schwellenland entstanden sein.

Der bärbeißige Kommisskopp hat die Orden seiner Vorväter drapiert und mit Bildbänden über die entscheidenden Schlachten umrahmt. Nebenan bietet eine Stewardess prachtvolle Stoffe an, die sie von ihren Asienflügen mitgebracht hat. Über allem liegt seit einer Viertelstunde das Palaver zweier Hartnäckiger um den »letzten Preis« der kaum getragenen Markenjeans.

Flohmarkt – geradezu Synonym für ein wildes Allerlei von Dingen, der Oberbegriff für alles, was billig, alt, gebraucht und dennoch oft schön ist. Die Rubrik des Übriggebliebenen, des Missachteten, am bisherigen Platz überflüssig Gewordenen und trotzdem oder gerade deswegen Faszinierenden, Schrillen, Bunten und Begehrenswerten. Paradox wie vieles, vielschichtig wie weniges sonst. Willkommen in der Welt des Trödels …

Kaufen
Viele schöne Dinge
für wenig Geld

Mehrfach sinnvoll
Flohmarkt schont die Umwelt und macht Spaß

Warum machen wir das eigentlich? Warum gehen wir nicht ins nächste Warenhaus und kaufen uns dort, was wir brauchen? Das würde die Wirtschaft in Schwung halten, Arbeitsplätze sichern, die Innenstädte beleben, und was man dort kauft, ist mit einer Garantie versehen.

Bei den meisten Flohmarktbesuchern geht die Vorliebe für den kreativen, alternativen Weg, Dinge zu erwerben, auf eine Zeit im Leben zurück, zu der sie über wenig Geld verfügten. Da man aber trotzdem CDs hören, Markenklamotten tragen und seine Bude schön dekorieren wollte, fing man irgendwann an, sich am Wochenende auf dem nächstgelegenen Flohmarkt herumzutreiben.

Plötzlich ließ sich das materielle Leben auch ohne geregeltes Einkommen frei gestalten. Die Gründung des ersten Hausstandes erfolgte – natürlich – über den Flohmarkt. Nicht, dass es inzwischen nicht möglich gewesen wäre, sich (fast) genauso billig über die Haushaltswarenabteilungen der Möbelhäuser einzudecken. Originale sind ganz einfach schöner und aufgrund ihrer erneuten und weiteren Nutzung deutlich umweltverträglicher. Auch das überraschend preiswerte Teeservice aus Thailand hat bei seiner Herstellung unsere Erde belastet. Und in der Qualität kommt es an die erwiesenermaßen beständigeren Produkte der mitteleuropäischen Industrieepoche sowieso nicht heran. Ganz abgesehen davon, dass es auch noch um die halbe Welt gekarrt werden musste.

Mit zunehmendem Alter ergreift einen natürlich auch die Nostalgie. Das Wiederfinden alter Bekannter unter den Dingen ruft Erinnerungen wach und erfüllt einen mit dem schmerzvoll-schönen Gefühl, dass die Zeit dahinschwindet.

Used to buy used
Gebrauchtes muss nicht schlechter sein als Neues

Gebraucht? Was für ein scheußliches Wort! Gebraucht – das klingt abgenutzt, kaputt, stinkt vielleicht sogar und ist sicher aus dem Leim. Gebrauchtwagenverkäufer gelten immer noch als potenzielle Betrüger, und gebrauchte Schuhe will auch keiner tragen.

Doch Schluss mit den Vorurteilen! Abgesehen von bestimmten Waren wie Unterhosen, dritten Zähnen oder Sexspielzeug, die man besser nicht gebraucht kauft, ist gegen Secondhand nichts einzuwenden.

Letztendlich handelt es sich doch nur um (menschlich veränderte) Materie und, hey, sind wir nicht alle nur »spirits in a material world«, wie Madonna ihren Chorus in *Material Girl* wiederholen lässt? Secondhandklamotten gibt es ja nicht erst seit gestern zu kaufen, und die besagten betagten Fahrzeuge müssen auch nicht immer abgewrackt sein. Flohmarkt und eBay haben viel dazu beigetragen, dass es heute als normal angesehen wird, etwas wiederzuverwerten.

Also, jetzt mal ganz entspannt gebraucht gekauft: Viele Artikel verändern sich durch Nutzung nur wenig. Gegenstände aus harten Materialien wie Kronleuchter oder Gießkannen sehen nach Jahren noch aus wie neu. Und wenn nicht, lassen sie sich wieder aufpolieren oder nachfetten (wie Möbel oder Lederkleidung), flicken oder anders reparieren. Kratzer oder kleine Fehler verleihen Gegenständen oft sogar eine besondere Art der Individualität.

Ein Fußball, der im Weltmeisterschaftsfinale eingesetzt wurde, wird danach ja auch nicht wieder auf Hochglanz gebracht. Jeder Stollenabdruck, jede Abschürfung atmet Geschichte und macht das gute Stück überhaupt erst wertvoll.

So wie meins, keins
Individualität ohne Ende

Zu diesem Thema fällt mir zuallererst die Jeans ein, die um 1990 herum mehr Löcher enthielt als Baumwollfasern dazwischen. Bis heute wird diese besondere Vorbehandlung des Beinkleides perfektioniert, Flicken gesetzt, wo keine nötig wären, Risse und Ziernähte platziert und in kunstvollen Abstufungen ausgewaschen. Punk goes Pop.

Auch in Sachen Einrichtung gibt es mittlerweile nicht wenige Autoren und Stilbildner, die auf Verwaschenes, Löchriges und Verblichenes schwören. Ganze Bildbände widmen sich der Innendekoration mittels räudiger Fundsachen – einem Stil, der unter Insidern auch »Shabby Chic« genannt wird. Wo man früher mit Antiquitäten versuchte, Konformismus und Wohlstand zu demonstrieren, wird heute ganz relaxt der verschlissene Leinenstoff als Tischdecke drapiert und mit Kerzenständern aus verunfallt aussehenden Eisenkompositionen bekrönt.

Wir suchen uns auf dem Flohmarkt die Dinge, die zu uns passen. Im besten Fall hat man sich nach einigen Jahrzehnten auf diesem Weg für Körper und Heim die Hülle geschaffen, die wirklich hauteng anliegt. Angesichts des meist günstigen Erwerbs kann man nach Herzenslaune mit den Stilen spielen, sie anschließend wieder verwerfen und die einst begeistert erworbenen Schätze ohne große Reue entsorgen oder – besser noch – weiterverkaufen.

Sieht man seine Identität verwoben mit einer bestimmten Subkultur oder, wie in letzter Zeit beliebt, mit einem bestimmten

Jahrzehnt, sammelt man so viele Dinge aus dieser Richtung oder Zeit, bis man mit ihr quasi verschmilzt. Wachsame Händler bemerken solche Strömungen frühzeitig. Für den Käufer bedeutet das leider, dass der Spaß sofort ein Stück teurer wird. Das Beste ist wohl, man setzt seine Trends, soweit es geht, selbst. Und wer weiß, vielleicht sind die heute gekauften Leopardenhotpants aus den 1980er Jahren im nächsten Modefrühling wieder auf allen Laufstegen zu sehen? Nicht selten wird nämlich genau das zum begehrten Kultobjekt, was einst als größte Geschmacksverirrung galt.

Früher Vogel fängt den Wurm
Aber später bekommt man ihn billiger

Den fetten Wattwurm muss man ernten, bevor er das Sonnenlicht erblickt. Da führt leider kein Weg dran vorbei, liebe Nachteulen und Pistensäue. Wer die Streichhölzer hat, nachts Feuer zu geben, muss sie auch zum morgendlichen Öffnen der Sehschlitze missbrauchen können. Besser als zu verschlafen ist daher gleich durchzumachen, obwohl man in diesem Zustand natürlich auch nicht mit Adleraugen gesegnet ist ...

Gegen Ende des Marktes bleiben allenfalls ein paar fade Mehlwürmer übrig, die ein Vogel einigen Anspruchs nicht mal als Sättigungsbeilage akzeptieren würde. Dafür bekommt man diese dann aber auch nachgeschmissen, vielleicht sogar geschenkt. Familie Amsel möchte damit nämlich nicht länger die heimische Vorratskammer verstopfen.

Mit den fetten Würmern auf Flohmärkten ist es ohnehin so eine Sache, seit viele Vögel darauf gekommen sind, dass man damit hin und wieder richtig Mäuse machen kann. Die frühmorgendliche Konkurrenz ist hart und manchmal nicht zimperlich. Nicht selten wird versucht, Mitstreiter unter respektablem Körpereinsatz aus dem Weg zu räumen.

Das Flohmarktpublikum lässt sich in Gruppen einteilen, die nacheinander auftreten und mit fortschreitender Zeit sinkendes Kaufinteresse zeigen: Zuerst treten die Händler auf den Plan, die Dinge suchen, bei denen sie noch ordentlich etwas draufschlagen können. Im Anschluss daran erscheinen die interessierten Privatkäufer, die zumindest ihre Nachtruhe nicht für ein Schnäppchen opfern wollen. Gegen Mittag dann kommen – von den seltenen, aber äußerst beliebten Spätaufstehern mit dickem Geldbeutel mal abgesehen – mehr und mehr Leute, die einfach nur flanieren und höchstens ein wenig herumstöbern möchten. Oder anders gesagt: Je später am Tag, desto gesättigter die Vögel.

Klamotten kaufen
Secondhand ohne Reue

Dies gehört zu den prägenden Bildern auf jedem Flohmarkt: Klamotten werden ausgepackt, und binnen kürzester Zeit stürzt sich eine Menschentraube auf den Kleiderberg, rafft an sich, was sie ergattern kann, und lässt zuletzt ein veritables Schlachtfeld zurück. Damit man bei dieser Prozedur nicht die kürzere Hose zieht (oder die zu lange), sollte man einige Grundregeln beachten:

- Ob insbesondere eine Hose wirklich passt, kann man nur beurteilen, wenn man sie tatsächlich einmal angezogen hat. Besteht hierzu am Stand keine Gelegenheit, bezahlt man sie unter Vorbehalt, sucht einen vor Blicken geschützten Ort auf und schlüpft kurz hinein.
- Auch Hemden oder Blusen bergen einige Risiken: Taillierte Versionen passen nicht unbedingt jedem, die Ärmel können sich als zu kurz oder zu lang erweisen, oder vielleicht stört einfach nur die Plastikfaser auf der nackten Haut.
- Flecken sieht man oft nicht auf den ersten Blick, insbesondere bei dunkleren Stoffen. Die Reste von Fraukes Tiramisu können einem aber im Nachhinein übel aufstoßen.
- Das gilt auch für Risse, Löcher und andere Verschleißerscheinungen.
- Besonders anfällig sind die Nähte und deren Kreuzungspunkte – Jeans sollte man immer im Schritt auf Stabilität prüfen.

Wenn man eher einmal zu viel als zu wenig hinschaut, wird man länger Freude haben an den Kleidern, die andere weggeben, und auf diese Weise eine Menge Geld sparen können. Secondhand kann man übrigens am ganzen Körper und gut auch auf dem Kopf tragen. Und eines ist sicher: Das grellbunte Rüschenhemd aus den 1970ern, auf dem Flohmarkt günstig erworben, stellt auf jeder Party die teurere Konkurrenz aus dem Kaufhaus (»made in Taiwan«) in den Schatten.

Vorsicht, Falle
Zweimal hinschauen oder ganz sein lassen

Nicht nur bei Klamotten muss man sich vergewissern, dass alles so ist, wie man es gerne hätte. Auch viele andere Dinge können sich nach dem Kauf als Reinfall erweisen. Elektrogeräte funktionieren vielleicht nicht oder – noch schlimmer – verpassen einem, sobald man sie einschaltet, einen gehörigen Schlag. Wenn möglich, sollte man solche Geräte probehalber in Betrieb nehmen, bevor man sie bezahlt.

CDs und andere Medien müssen sich nicht unbedingt in ihrer Hülle befinden. Wenn Sie also nicht wollen, dass bei Ihrer nächsten Videonacht statt des angekündigten Hitchcock-Krimis »DVD empty« oder Bambi auf dem Bildschirm erscheint, öffnen Sie jede Hülle vor dem Kauf, sehen Sie sich die DVDs genau an, und überprüfen Sie diese auf Kratzer. Bücher, die man verschenken möchte, sollten möglichst keine Widmung für Tante Heide zu Weihnachten 1986 enthalten.

Fahrräder auf Flohmärkten sind von jeher ein heikles Thema. Auf einigen Flohmärkten geht die Polizei im Kampf gegen Hehlerei inzwischen so weit, zu jedem angebotenen Fahrrad eine Kaufquittung zu verlangen. Nicht von ungefähr, und wer ein entwendetes Exemplar billig kauft, muss sich vielleicht schon in der Woche darauf mit dem rechtmäßigen Eigentümer auseinandersetzen, der einen wutentbrannt vom Rad prügelt.

Generell lohnt es sich gerade im fortgeschrittenen Stadium der Flohmarktbegeisterung, vor jedem weiteren Kauf in sich zu horchen und sich zu überlegen, ob man denn auch dieses schöne Fundstück unbedingt noch braucht. Nicht wenige Flohmarktjunkies unterhalten eigens Garagen, Lagerräume oder gar Zweitwohnungen, um die Früchte ihrer Leidenschaft unterzubringen. Besitzen wir eigentlich die Dinge, oder besitzen die Dinge uns? Bevor Sie von Ihrem Hab und Gut erschlagen werden, tragen Sie es zu Markte, davon haben alle Beteiligten etwas.

Plagiat & Co.
Achtung, nachgemacht

Die wirtschaftlichen Schäden durch nachgemachte Luxushandtaschen, Edelklamotten und vieles mehr gehen weltweit in die Hunderte Milliarden. Was nicht niet- und nagelfest ist, wird kopiert, imitiert und als echt unter die Leute gebracht. Das mag bei Klamotten noch vergleichsweise harmlos sein, wird aber spätestens bei dilettantisch zusammengebastelten Autoersatzteilen kriminell gefährlich.

Ein Teil dieser Imitate wird auch auf Flohmärkten angeboten. Die lustigsten unter ihnen verraten bereits durch Fehler in der Rechtschreibung, dass hier etwas nicht stimmen kann: »Lewis«-Jeans und »MDM«-Handtaschen erkennt auch das ungeübte Auge.

Wer geschäftlich viel in Asien unterwegs ist, könnte leicht in Versuchung kommen, sein Gehalt durch Import und Verkauf solcher Fakes aufzubessern – aber Vorsicht! Zoll und Polizei gehen unerbittlich gegen Schwarzhändler vor. So könnte es durchaus passieren, dass Sie, wenn Sie erwischt werden, nicht mehr nur fünf gefälschte Rolex-Uhren, sondern schnell auch Handschellen am Unterarm tragen.

Einige der Nachahmungen sind den Originalen allerdings täuschend ähnlich. So genau man auch hinsieht: Material, Nähte, Knöpfe, alles wie bei dem dutzendmal teureren Originalprodukt. Warum sollten auch nur diejenigen mit schicken Klamotten herumlaufen, die dafür einen durchschnittlichen Monatslohn hinblättern können? Plagiate stellen ein sehr gutes Beispiel für die Demokratisierung von Luxus durch Flohmärkte dar.

Und während sich die gelangweilten Verkäuferinnen in den Boutiquen von Gucci, Pucci, Prada und Co. die Beine in den Bauch stehen, brummt einen Kilometer weiter auf dem Flohmarkt das Geschäft …

Direkt vom Erzeuger
Ethno ganz authentisch

Sprechen Sie afrikanisch? Ich schon – allerdings nur, was die Formensprache angeht. Auf größeren Flohmärkten gibt es schon seit einigen Jahrzehnten afrikanisches, asiatisches und südamerikanisches Kunsthandwerk in meist hervorragender Qualität zu kaufen.

Das ist zwar in den meisten Fällen nicht gebraucht, aber die teils jahrhundertealte Tradition seiner Herstellung verleiht ihm einen mindestens ebenso hohen Kultfaktor wie den viel jüngeren Relikten unserer Industriekultur. Wenn man sich von finster dreinschauenden Masken nicht ins Bockshorn jagen lässt, können diese in den heimischen vier Wänden eine geradezu mystische Atmosphäre erzeugen.

Wirklich authentisches Kunsthandwerk unterscheidet sich von inzwischen leider massenhaft auf den Markt geschwemmter, halbindustriell verbrochener Exportware durch kleine Kunstfehler, eine unrunde Stelle hier, einen Kratzer dort. Wenn man dem Stück den Vorgang seiner Entstehung noch ansehen kann, verbindet einen dies auf archaische Weise mit dem geschickten und fleißigen Künstler, der es tatsächlich in genau dieser Form nur einmal hergestellt haben kann.

Afrikanisches Blechspielzeug, südamerikanische Wollwaren, russische Matrioschkas, indische Stoffe, Silberschmuck aus Afghanistan und Pakistan, australische Didgeridoos und Bumerangs, Teppiche und Messinglampen aus Nordafrika ... hier bietet sich ein schier unendliches Repertoire an Schätzen des Kunsthandwerks aus aller Welt zur abwechslungsreichen Dekoration!

Und bei all dem leistet man in den meisten Fällen auch noch direkte Hilfe für die in weiter Ferne lebenden Künstler. Welchen Anteil des hiesigen Verkaufspreises sie tatsächlich selbst erhalten, sollte man sich nicht immer fragen, aber vor Ort ist das meist noch besser als gar nichts.

Aus grauer Vorzeit
Retro ganz authentisch

Irgendwann Mitte der 1990er Jahre kam jemand auf die Idee, das bewusste Zitieren vergangener Stilepochen als »Retro« zu bezeichnen. Eine erfolgreiche Wortkreation, denn seitdem wird vieles, was alte Klassiker nachahmt, zu »Retro« aufgewertet. Nichts, was es nicht geben würde: Retro-Autos (teilweise so richtig misslungen), Retro-Shorts (früher sagte man Liebestöter dazu), Retro-Events und Retro-Sneakers (»Turnschuhe in ehemals zeittypischer Ausführung« zu sagen wäre allerdings auch etwas gestelzt).

Hierbei fällt auf, dass die nachgemachten Nostalgiestücke nie ganz an die Qualität ihrer Vorbilder heranreichen – sei es stilistisch, weil als Konzession an den heutigen Zeitgeschmack kleine Veränderungen an ihnen vorgenommen wurden, oder im Material. Die damaligen, aufwendigeren Prozesse und Materialien kann heute kaum mehr jemand bezahlen.

Was läge da näher, als sich auf Flohmärkten nach den Originalen umzusehen? Leider sind inzwischen so einige Leute auf diese Idee gekommen und haben einen richtigen Run auf Zeitgenössisches aus den Nachkriegsjahrzehnten ausgelöst. Kaum wird ein solches Stück auf den Tapeziertisch gestellt, hat es auch schon jemand abgeräumt.

Nachdem die 1970er Jahre mit ihren schreiend bunten Relikten ausgiebig abgeweidet wurden, hat man sich nun den 1950er und 1960er Jahren zugewandt. Die gesteigerte Nachfrage hat die Preise in erkleckliche Höhen steigen lassen.

Wenn Sie also im Rennen um den materialisierten Zeitgeist mitmischen wollen, müssen Sie wirklich früh aufstehen und vielleicht auch auf weniger gut besuchte Märkte am Stadtrand oder in Vororten ausweichen. Sollten Sie hingegen den Nachlass Ihrer Großmutter auflösen, die ihre Inneneinrichtung zur Bauhauszeit zusammenstellte, ziehen Sie einen Fachmann zu Rate, bevor Sie Kostbarkeiten gedankenlos verschleudern.

Erwarten Sie keine Kulturschätze
Antiquitäten findet man woanders

Prunkvolle Maria-Theresia-Lüster, elegante Chippendale-Sideboards, Tafelsilber, Nussbaum-Sekretäre – Stopp! Falls Sie einen Flohmarkt entdecken, auf dem man Antiquitäten zu Flohmarktpreisen findet – sagen Sie es mir bitte zuerst. In den seligen 1970er Jahren soll man solche Schätze tatsächlich noch auf dem Sperrmüll gefunden haben. Mehrere Jahrzehnte Massenarbeitslosigkeit haben allerdings genügend Leute – aus Überzeugung oder aus Not – in den Altwarenhandel geführt.

Eher schon werden Sie solche Preziosen auf Antikmärkten finden – allerdings zu Preisen, die mit dem Flohmarkt überhaupt nichts mehr zu tun haben. Flohmärkte und Antikmärkte sind vollkommen unterschiedliche Welten, und zumindest seitens der Veranstalter und Standbetreiber von Antikmärkten wird auf eine fein säuberliche Trennung aus Imagegründen Wert gelegt.

Umso erfreulicher ist es, wenn sich auf größeren Märkten doch einmal Flohmarktstände von Familien, die ihren Hausrat feilbieten, mit Edeltrödel und Antik abwechseln.

Auch die Designerstücke der Nachkriegsjahrzehnte sind inzwischen von diesem Sog erfasst worden. Für sie gilt ebenfalls, dass die große Nachfrage die Preise und Professionalität der Händler in die Höhe treiben. Inzwischen kann man sie sogar als eine Art Geldanlage betrachten. Denn mit jeder unbedacht aufgelösten Wohnung gehen wieder einige Stilmöbel über den Jordan, was zur Verknappung – und

Verteuerung – der übrig bleibenden beiträgt. Wenn nicht ein Profi die Hände im Spiel hat und vor dem Untergang bewahrt, was von Wert ist …

Kleine Schätze
Damit können Sie schon mal rechnen

Solange Sie nicht beabsichtigen, sich mit Hilfe des Flohmarktes einen Biedermeiersalon einzurichten, können Sie durchaus auf Erfolge hoffen. Wer regelmäßig Märkte besucht, kommt immer mal wieder für kleines Geld an schöne Dinge, die man sich normal nie leisten könnte. Allerdings kann es dauern, bis man einen großen Fisch an Land zieht.

Im kälteren Halbjahr wärmen und kleiden mich meine beiden Burberry-Trenchcoats. Neu wären sie mit etwa 800 Euro pro Stück zu berappen gewesen. Mir fielen sie für 25 Mark beziehungsweise 15 Euro in die Hände. Originale Markensporttaschen aus den 1970ern, edle Kristalllüster, Rosenthal-Geschirr und Markenjeans gehören ebenso zu meinem Bestand wie luxuriöse Reisetaschen aus Leder und zahlreiche prächtige Bildbände.

Was haben Sie schon immer kaufen wollen, sich aber neu nie leisten können? Designerkleider, Markenporzellan, opulente Stoffe zur Dekoration, Kleinmöbel, die in Ihrer Wohnung einen besonderen Akzent setzen? Es ist alles nur ein paar Flohmärkte entfernt. Begeben Sie sich auf die Reise, und es werden Ihnen all jene Dinge begegnen, von denen Sie bisher nur zu träumen wagten.

Von dem vielen Geld, das Sie auf diese Weise sparen konnten, ist locker ein Urlaub mehr pro Jahr drin. Den bekommen Sie bisher leider noch nicht auf dem Flohmarkt. Aber wir arbeiten daran.

Vorsicht, Sucht
Und wie man ihrer Herr wird

Mancher Sammler huscht in der Frühe wie getrieben über den Flohmarkt. Materiell betrachtet, sind einige davon wohl reich zu nennen, aber kann sich wirklich glücklich schätzen, wer 20 000 Modellautos sein eigen nennt? Oder 40 000 Bücher, 130 000 Schallplatten, 1200 gusseiserne Bügeleisen? Die Liste ließe sich beliebig fortsetzen und stellt nur die Spitze eines kaum abschätzbaren Eisberges dar.

Je nach Objekt der Begierde kann so eine Sammelwut recht teuer werden. Wer sich auf Antikes oder Seltenes kapriziert, kann zusätzlich zu einem Mangel an freier Zeit und Platz in der Wohnung auch noch ein handfestes finanzielles Problem bekommen.

Falls Sie Neigungen in diese Richtung verspüren: Bleiben Sie auch einmal zu Hause, anstatt auf die nächste Spezialmesse zu rennen, trinken Sie eine Tasse Tee, lehnen Sie sich zurück, und fragen Sie sich, was Sie wirklich suchen. Sammelleidenschaft wird nicht umsonst zu den Passionen gezählt, also dem, worunter die Betroffenen buchstäblich leiden. Diesem Leid können Sie durch etwas Reflexion ein schnelles Ende bereiten.

Solange sich das Ganze im Rahmen hält, ist gegen das Sammeln natürlich nichts einzuwenden. Man muss eben nur die Grenze im Auge behalten, ab der man selbst zum Diener seiner Schätze wird. Merke: Besitz kann auch belasten.

 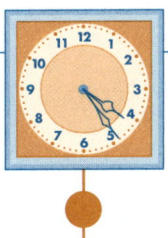 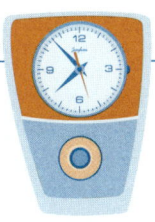

Flöhe hüten ist leichter
Kinderflohmärkte

Auf einem normalen Flohmarkt mit Warenangebot für Erwachsene fangen Kinder schnell an zu nörgeln. Was für ein anderes Bild bietet hier der Kinderflohmarkt! An jedem Bein des großen Stofflöwen hängt ein anderes Kind und versucht, das begehrte Stück in seine Richtung zu ziehen. Wenn zum Run auf Ausrüstung und Spielzeug für die Kleinsten geblasen wird, gibt es kein Halten mehr.

Mütter stoßen angesichts günstiger Kinderwagen spitze Schreie des Entzückens aus, und die Väter sind vom Technikbaukasten des Standnachbarn genauso wenig wegzubekommen wie ihre Söhne. Kinderflohmärkte helfen Familien, trotz schmalem Budget anspruchsvolle Spiele und Ausstattung für den Nachwuchs zu ergattern.

Zum Preis des Schokoriegels, den man an der Supermarktkasse gebetsmühlenartig verneinen muss, bekommt man hier drei Matchboxautos oder eine bereits ausgiebig geherzte Barbiepuppe samt Ausgehgarderobe. Wo anders kann man mit so wenig Einsatz einen derartigen Effekt erzielen? Glückliche Gesichter danken es Ihnen postwendend.

Das Gedränge auf Kinderflohmärkten ist inzwischen so groß, dass vielerorts Schwangeren bereits eine halbe Stunde eher Zutritt gewährt wird, um sie nicht dem allgemeinen Hauen und Stechen auszusetzen. Wenn Sie es schaffen, bei diesem Flohzirkus Ruhe zu bewahren, können Sie Ihren Kleinen und sich selbst große Freude bereiten.

Heilige Scheinchen
Wenn Gemeinden trödeln

Flohmärkte beginnen ja immer etwas früher als angekündigt, und als inzwischen schon halbprofessionelle Trödlerin oder Trödler tauchen Sie mindestens eine halbe Stunde vor Marktbeginn auf, um sich die Sahnestückchen zu sichern. Nicht so auf dem Flohmarkt Ihrer Kirche um die Ecke! Dort thront nämlich Frau von Gretzky-Wohlrab an der Pforte und pocht mit unerschütterlicher Härte auf einen pünktlichen Beginn. Den Rest des Jahres hauptsächlich mit Kreuzworträtseln und dem Einkochen saisonaler Früchte beschäftigt, darf sie es zweimal im Jahr so richtig krachen lassen.

Der Plattenfan, der sich regelwidrig durch die Suppenküche des Gemeindehauses einschleichen wollte, wurde gerade erfolgreich mit der großen Kelle zur Ordnung gerufen, da versucht es doch tatsächlich ein Lausebengel von der anderen Seite her. Das Ohrläppchen fest gepackt, und schon ist der Racker wieder zwischen die Wartenden eingereiht.

Dafür hat man ja nicht das ganze Jahr Hab und Gut der rechtschaffenen Gemeindemitglieder eingeworben, dass einem jetzt hier auf dem Kopf herumgetanzt wird! Einmal im Gemeindesaal, sind einem die restlichen Mitglieder des Kirchenvorstandes mit vielen helfenden Händen zu Diensten und packen das Service, für das Schuster Meyer einmal einen ganzen Monat arbeiten musste, und die Kristallglaskelche von Frau Schubert in die Restauflage des letzten Gemeindebriefes.

Nach dem erfolgreichen Fischzug noch einen Fair-Trade-Kaffee und gedeckten Apfelkuchen von der Pfarrersfrau persönlich, und man weiß, warum es sich gelohnt hat, Frau von Gretzky-Wohlrabs harter Hand keinen Grund zum Ausholen zu geben.

Handeln
Von Krieg und Frieden am Tapeziertisch

Hier bin ich Mensch, ...
Menschliches, Allzumenschliches

Einem geläufigen Sprichwort zufolge lernt man die Menschen nirgends so gut kennen wie auf dem Markt. Wer sich in anderen Situationen vielleicht noch zurückhalten kann, gibt beim Verhandeln seinen wahren Charakter preis. Die Bereitschaft zu geben und zu nehmen, Ehrlichkeit, Fairness, Empathie, Nachgebenkönnen und viele andere menschliche Qualitäten, die das gemeinsame Leben erleichtern, kommen hier auf den Prüfstand.

Beginnen wir mit der Ehrlichkeit, die allzu oft durch Presseberichte über auf dem Flohmarkt wiedergefundenen Schmuck, Kunstschätze oder andere Hehlerware in Frage gestellt wird. Im Grunde hört die Ehrlichkeit schon da auf, wo ich ein (wenn auch nur teilweise) defektes Elektrogerät verkaufe und seine Funktionsfähigkeit zusichere. In Zukunft wird der zu Recht verärgerte und frustrierte Käufer auf dem Flohmarkt keine vergleichbaren Dinge mehr kaufen. Denn leider gibt es hier nicht wie bei eBay die Möglichkeit, einen unseriösen Verkäufer negativ zu bewerten oder schon vor dem Kauf von den Erfahrungen anderer mit dem Verkäufer zu lesen.

Geben und Nehmen sind auf Flohmärkten auch so ein Thema. Natürlich möchte jeder Verkäufer seine Ware loswerden, aber wenn man diese zu einem Preis von zum Beispiel zehn Euro als Verhandlungsbasis ausruft, will man nun wirklich kein Gebot von einem oder zwei Euro erwidert bekommen. Wer sich flexibel zeigt, also zum Beispiel beim Kauf mehrerer Artikel einen Preisnachlass gewährt,

... hier kauf ich ein

wird auf Dauer auch mehr Erfolg haben. Handeln ist nämlich die Kunst, widerstreitende Interessen auf einen gemeinsamen Nenner zu bringen. So oder so hat man auf Flohmärkten angesichts der niedrigen Preise die einmalige Chance, alles als Spiel zu begreifen. Und wer will schon gern ein Spielverderber sein?

Alles frei verhandelbar?
Mechanismen und Hintergründe

Jetzt ist es Zeit für ein wenig Theorie: Es geht um den Preis auf dem Flohmarkt. Nachdem ich einige Jahre darüber nachgedacht habe, bin ich auf vier Faktoren gekommen, die ausschlaggebend sind. Ladies and Gentlemen, ich präsentiere: Herstellungskosten, Nutzwert, Symbolwert und Seltenheit.

Die Herstellungskosten sind der Anteil, der den Schweiß im Angesicht des Herstellers belohnt (oder zumindest das Getriebeöl der Industriemaschine). Er wird über die Jahre immer kleiner und ist letztlich verschwindend gering.

Sofern unser Flohmarktartikel durch seinen Vorbesitzer nicht erheblich beschädigt oder verbraucht wurde, weist er noch einen Nutzwert auf. Dieser bemisst sich danach, was wir mit dem Dingens alles Tolles anfangen können, wie oft, wie wichtig diese Funktion für uns oder andere ist und so weiter und so fort.

Und nun wird es abstrakt: Der Symbolwert tritt aufs Tapet. Er ist ein Ergebnis davon, dass viele oder zumindest einige wichtige Leute dem Gegenstand eine Bedeutung beimessen. Das kann ganz offensichtlich sein, wie beim Hut einer berühmten Schauspielerin, oder etwas subtiler, zum Beispiel, wenn eine Sache den Zeitgeist einer Epoche besonders treffend verkörpert. Ein Nierentisch zum Beispiel kann als Symbol des Wirtschaftswunders gelten, ein Klappzahlenradiowecker (das Murmeltier lässt grüßen!) als Musterbeispiel für die Ästhetik der 1970er Jahre.

Nicht zuletzt spielt natürlich die Seltenheit des Artikels eine Rolle. Allerdings werden echte Raritäten in der Regel weniger auf Flohmärkten als auf größeren Auktionen oder im Antiquitätenhandel angeboten.

Fassen wir also zusammen: Wer einen Artikel findet, der extrem schwierig herzustellen war, sehr großen Nutzen bringt, symbolisch total überhöht ist und noch dazu selten, befindet sich mit ziemlicher Sicherheit nicht auf dem Flohmarkt, sondern in der Schatzkammer des Buckingham Palace …

Nutzwert + Herstellungskosten + Symbolwert + Seltenheit = Preis

Deutsch-Kunde, Kunde-Deutsch
Was Preisanfragen wirklich bedeuten

Bewusst oder unbewusst bringt der potenzielle Kunde in Wortwahl und Tonfall seine Absichten zum Ausdruck. Damit Sie die auf Flohmärkten am häufigsten gebrauchten Einstiegsfragen von Kunden richtig zu deuten wissen, hier eine kleine Übersetzungshilfe:

»Was kostet …?« ist ziemlich neutral und bedeutet: »Wie viel muss ich geben, um das zu bekommen?«

»Wie viel wollen Sie für …?« heißt: »Ich will das haben, und zwar billig. Aber natürlich werden Sie viel zu viel dafür haben wollen.«

»Wie viel verlangen Sie für…?« stellt die Steigerung der vorigen ungeschickten Formulierung dar. Der Anfragende nimmt sich damit selbst jeglichen Einfluss auf die Preisbildung.

»Was kostet denn so was?« drückt eine (häufig nur vorgebliche) innere Distanz des Interessenten zur Sache aus. Die Frage soll mangelndes Interesse vortäuschen und damit die Preisansage drücken.

»Wie viel wollen Sie noch für …?« hebt darauf ab, dass der Artikel im Grunde ja alt und daher nichts mehr wert ist.

»Wie teuer ist …?« unterstellt, man sei ohnehin teuer, und macht von vornherein deutlich, dass der Kunde den Preis weit drücken oder einfach nur stänkern will.

Dies sind nur die auffälligsten Formulierungen. Letztendlich kann man an jeder Form der Anfrage (mit Ausnahme der beiläufig-desinteressierten der Profis) die Absichten des Gegenübers erkennen. Flohmarkt ist ein hochkommunikativer Raum, in dem man die Menschen tatsächlich so gut kennenlernen kann wie kaum irgendwo sonst. Wenn Sie also auf dem nächsten Flohmarkt den einzigen Asterix-Comic entdecken, der Ihrer Sammlung noch fehlt, wählen Sie Ihre Worte mit Bedacht – es lohnt sich!

Klare Vorstellungen
Vorher informiert, ist nachher mehr Geld

Sie stehen frühmorgens auf dem Markt, packen gerade Ihr wertvollstes Stück aus, sagen wir, ein ehemals teures Snowboard oder den Kronleuchter von Tante Käthe. Wie nicht anders zu erwarten, prasselt kurz darauf ein vielstimmiges Stakkato auf Sie ein: »Wie viel?« – »Letzter Preis?« und so weiter, wir kennen das ja. Und Sie? Stehen da und haben sich hierzu noch gar keine Gedanken gemacht. Das ist schlecht, sehr schlecht sogar, denn auf diese Weise machen Sie sich angreifbar und werden Ihren Schatz viel günstiger weggeben müssen, als Ihnen bei reiflicher Überlegung lieb gewesen wäre.

Den Brustton der Überzeugung, in dem Sie in solch einer Situation »Der kostet 70 Euro!« deklamieren, sollten Sie bereits im Vorfeld des Marktes beherrschen. Hilfreich sind eine eigene oder fremde Schätzung des Artikels oder das Wissen um erzielte Preise für gleichwertige Dinge, zum Beispiel auf eBay. Natürlich sind Abweichungen jederzeit möglich, sowohl nach unten (was häufiger passiert, da die Kundschaft auf eBay zahlreicher und kaufkräftiger ist) als auch nach oben (etwa wenn man einen passionierten Sammler am Stand hat).

Und nicht nur über den Preis Ihrer Rosinen, sondern auch den Ihrer anderen Artikel sollten Sie sich so weit wie möglich im Klaren sein, bevor Sie Ihre Ware auslegen. Auf diese Weise behalten Sie während der nachfolgenden Verhandlungen die Kontrolle. Klare Vorstellungen müssen dabei nicht bedeuten, dass Sie einen Verkauf für etwas weniger Geld als geplant grundsätzlich ablehnen. Schließlich setzen

Sie ohnehin (Achtung: Grundregel!) 20 bis 50 Prozent über dem Preis an, den Sie letztendlich erzielen wollen.

So hat am Ende jeder, was er wollte: Sie Ihren gewünschten Verkaufspreis und der Kunde das Gefühl, Sie noch ein wenig im Preis gedrückt zu haben. Die Wahrheit liegt nämlich – wieso sollte das auf dem Flohmarkt auch anders sein? – irgendwo in der Mitte.

Kleinvieh macht auch Mist
100 mal 3 ist mehr als 100 mal 1 Euro

In der Regel verkauft man auf dem Flohmarkt das, was man daheim nicht mehr haben will. Infolgedessen neigt man dazu, die Dinge für einen Euro wegzugeben, bloß um sie nicht wieder mit nach Hause nehmen zu müssen. Doch rechnet man dies auf einen gesamten Verkaufstag hoch, merkt man schnell, dass hier viel Potenzial verschenkt wird.

Würde man beharrlich drei statt einen Euro pro Artikel verlangen und das bei 100 verkauften Dingen durchhalten, stünde man am Ende mit 300 statt nur 100 Euro in der Tasche da. Aber natürlich sollte man stets das Verhältnis zum Neupreis und den Zustand der Artikel im Auge haben und nicht alles zu einem Einheitspreis feilbieten.

Wenn man gegen Ende des Marktes wirklich in Bedrängnis kommt, viel wieder mitnehmen zu müssen, kann man immer noch während der letzten ein, zwei Stunden anfangen zu ramschen, und vielleicht geben einem ja die Standnachbarn, die öfter trödeln, noch pauschal einen Zehner oder Zwanziger für den Rest vom Trödelfest.

Im Fall von großen, sperrigen Dingen, die man unbedingt loswerden will, kann man den Interessenten auch anbieten, sie im Stadtgebiet nach dem Markt vorbeizubringen, sofern sich das angesichts des erzielten Preises lohnt.

Erfahrungsgemäß wird man bei einem Trödelmix, wie er in einem durchschnittlichen Haushalt anfällt, und angemessenen Preisen etwa die Hälfte seiner Auslage los. Aber der nächste Flohmarkt kommt bestimmt …

Alles muss heute weg!

Je nach Nase
Geben ist seliger denn nehmen, aber ...

Eines schönen Flohmarkttages verhandelte ich an meinem Stand mit einer sichtlich wohlhabenden Dame mittleren Alters und ihrem gewiss nicht minder ornamentierten, spätpubertären Töchterlein. Es ging um einen wirklich ansprechenden, völlig intakten Dekorationsgegenstand aus den 1970er Jahren. Als sie mich von ursprünglich angesagten sieben über die eigentlich gewollten fünf auf nur mehr drei Euro herunterzuhandeln versuchten, platzte mir der Kragen. Wer Klamotten für Hunderte Euro am Leib trage, für den könne es doch schlechterdings keinen Unterschied machen, ob er zwei Euro mehr oder weniger bezahle? Irgendwie fühlte sich die Dame ertappt und zeigte sich einsichtig.

Man muss ja nicht gleich zum Robin Hood des Flohmarktes werden, doch generell ist es fair, denen, die aussehen, als fiele ihnen das Geld nicht von alleine vor die Füße, geringere Preise anzusagen als solchen, die damit gesegneter sind. Man täusche sich auch nicht über die mitgeführte Barschaft so manches Flohmarktbesuchers: Sammler auf der Suche sowie professionelle Händler haben nicht selten das ganz dicke Portemonnaie dabei.

Nichtprofessionelle Flohmarktbesucher, die viel auszugeben bereit sind, kommen, wenn überhaupt, meist später. Zumeist gehören sie zu denen, die unter der Woche der Arbeit wegen nicht ganz so früh aufstehen müssen, und sehen den Flohmarkt eher als Sinnenfreude denn als Notwendigkeit. Und sie müssen sich ja auch nicht beeilen, denn zu den Preisen, die sie zu zahlen bereit sind, wird vor ihnen niemand ihre Schätze erworben haben.

Natürlich sollten die Käufer nicht mitbekommen, dass ihnen unterschiedliche Preise angesagt werden, sonst fühlt sich von dem Näschen für den feinen Unterschied schnell jemand genasführt. Und dann ist nicht zuletzt Ihre Nase in Gefahr!

Verkaufen
Versilbern statt entsorgen

Richtig Geld im Spiel
Bei jedem schlummern Hunderte Euro

In jedem deutschen Privathaushalt befinden sich nach einer repräsentativen Umfrage Gegenstände, die nicht mehr benötigt, aber noch verkauft werden könnten, im Wert von 538 Euro. Das ist für die meisten ein ganz schöner Batzen Geld: Ein neues Fahrrad, eine Woche Urlaub, die dringend benötigte Reparatur des Autos … das alles liegt ungenutzt in den dunklen Winkeln Ihres Heims verborgen.

Also, ran an den Speck und Schränke, Keller, Speicher und Garage durchforstet. Was sieht aus, als könnte es jemand haben wollen? Ob das nahezu komplette Kaffeeservice von Tante Käthe aus den 1950ern noch einige Scheine bringt oder doch auf dem nächsten Polterabend sein jähes Ende findet – mit etwas Übung wissen Sie's.

Als besonders wertbeständig und daher lukrativ haben sich Markenporzellan weitverbreiteter Serien, Unterhaltungselektronik neueren Datums oder auch Designerkleidung erwiesen. Sollten Sie echte Antiquitäten oder Raritäten in Ihrem Hausrat entdecken, ziehen Sie am besten jemanden zu Rate, der sich damit auskennt. Auf jedem professionellen Antikmarkt finden Sie einen öffentlich vereidigten Sachverständigen, der Ihnen nach bestem Wissen und Gewissen Auskunft zu geben verpflichtet ist.

Aber auch mit weniger Werthaltigem lässt sich Reibach machen, es muss dann eben mehr davon sein. Das Schöne am Ausmisten und Verschenken: Sie schaffen Ordnung in Ihrem Zuhause – und bekommen auch noch Geld dafür.

zzzz ... schnarch ...

Wo verkaufen?
Flohmarktlagen und -veranstalter

Sie haben sich ein Wochenende Zeit genommen, Ihre Habe gesichtet, einige Umzugskisten, Plastiktüten und Körbe voll davon aussortiert und wollen losfahren, um loszuwerden. Aber wohin?

Ganz allgemein haben Sie die Wahl zwischen den größeren oder kleineren Flohmärkten in Ihrer Gegend, Spezialmärkten zum Beispiel für Schallplatten, Puppen und Bären oder Modelleisenbahnen oder einer Internetbörse wie eBay. Auf einen Spezialmarkt zu fahren lohnt sich nur, wenn der Posten, den Sie anbieten wollen, hier einen deutlichen Schwerpunkt hat. Dabei ist es ratsam, vorher einen Fachmann hinzuzuziehen, damit man von den Kennern auf dem Spezialmarkt nicht vollends über den Tisch gezogen wird.

Sollten Sie eine erhebliche Menge an Sachen zu verticken haben, ist ein Verkauf übers Internet nicht anzuraten. Denn dafür müssen Sie jeden einzelnen Gegenstand fotografieren, beschreiben und ins Netz stellen – und das ist ganz schön viel Aufwand für eine Kiste voller altem Kram.

Um haushaltsüblichen Trödel zu verkaufen, bietet sich ein Floh- oder Trödelmarkt in Ihrer Nähe an. Meistens gibt es ein, zwei eingeführte Märkte, die jeder in der Stadt kennt, und ein paar kleinere, die häufig auf Parkplätzen von Baumärkten oder Supermärkten stattfinden. Generell würde ich raten, die größeren Märkte aufzusuchen, auch wenn dort die Standmiete etwas höher liegt. Auf dem Parkplatzmarkt – auch optisch keine reizvolle Lage – werden in der

Regel einfache Bedürfnisse befriedigt, und es reihen sich auch deutlich mehr Anbieter von Neuwaren wie Billigklamotten, Feuerzeugen oder Handyschalen in die Reihen der Verkäufer ein.

In einem Schlosspark, neben Frau Hellmann mit den skurrilen Hüten, verkauft es sich einfach angenehmer. Und die Besucher, die dies ebenfalls zu schätzen wissen, haben das dickere Portemonnaie dabei. Wenn Sie dann noch eine gute Lage erwischen, an einer Reihenecke oder am Eingang des Marktes, dürfte der Tagesumsatz gesichert sein.

Und wo finde ich die?
Mediennutzung vor dem Flohmarkt

Die genannten größeren, etablierten Märkte werden im Internet und in den Printmedien angekündigt. Auf den beiden Portalen www.marktcom.de und www.flohmarkt.de kann man seine Suche thematisch und/oder regional eingrenzen und über die dort angegebenen Kontaktwege mit dem Veranstalter in Verbindung treten, um einen Platz zu reservieren.

Die gleiche Funktion erfüllen schon länger die spezialisierten Zeitschriften *Trödler & Sammler* und *Flohmarkt-Revue*. Sie erscheinen beide im gleichen Verlag und weisen einen identischen Infoteil mit monatlich mehreren Tausend Terminen in ganz Deutschland auf.

Wenn Sie unsicher sind, ob der auserkorene Markt zentral gelegen und gut besucht ist, können Sie unter der Reservierungsnummer des Veranstalters weitere Informationen einholen. Bei dieser Gelegenheit lassen sich auch wichtige Details wie Anfahrtszeit, Zufahrtswege, die Möglichkeit, das Auto am Stand stehen zu lassen, oder die Frage, ob eine Reinigungskaution zu entrichten ist, klären.

Gute Gelegenheiten zum Verkauf stellen auch große Stadt- oder Volksfeste dar. Kennen Sie in Ihrer Stadt einen Anlass, zu dem alle auf den Beinen sind? Hier werden Sie neben den üblichen Verdächtigen auch Kundschaft finden, die das Feilschen noch nicht so im Blut hat. Von solchen Gelegenheiten erfährt man am ehesten in den Online- und Bildschirmtext-Diensten der *ARD*-Regionalsender, in Veranstaltungsmagazinen oder der Tagespresse.

Mit der sorgfältigen Suche des richtigen Marktes können Sie wesentlich dazu beitragen, dass Sie am Abend Ihres Verkaufstags mit leeren Kisten und voller Kasse nach Hause gehen. Und ein paar Fünfziger mehr verstopfen Ihnen daheim nicht die Bude wie die klobige Schreibmaschine oder der garstige Nierentisch …

Was kostet der Spaß?
Standgebühren ohne Ende

Leider wagt es jemand, sich an Ihren Einkünften beteiligen zu wollen: der Veranstalter – in Form von Standgebühren. Sie sind in den letzten Jahren infolge des Trödelbooms kräftig gestiegen.

Am günstigsten verkauft es sich noch, wenn die Kommune oder ein Verein den Markt organisiert. Gegen eine Kuchenspende oder eine geringe Gebühr von fünf bis zehn Euro pro Tapeziertisch von drei Meter Breite darf man hier seine Ware feilbieten. Allerdings ist das Publikum oft viel kleiner als auf Märkten, die von gewerblichen Veranstaltern organisiert werden.

Diese Unternehmen staffeln die Preise pro Meter meist nach zwei bis drei Kategorien: Trödel kostet zwischen fünf und zwölf Euro pro Meter, Kunsthandwerk acht bis 15 Euro und Neuware zehn bis 20 Euro pro Meter. Bei einem Tapeziertisch von drei Meter Breite als Ausstellungsfläche kommt man somit als privater Trödler auf 15 bis 36 Euro Standkosten. Je nachdem, was und wie viel man anbietet, muss man sich schon Mühe geben, über diese Fixkosten hinaus einen ordentlichen Gewinn zu erwirtschaften.

Ein gutes Ergebnis hängt sehr von der Auswahl und Präsentation der Ware ab. Besser, man stellt die drei Dutzend schönsten Objekte wie Solitäre auf, mit ausreichend Platz »zum Atmen«, statt sie in den Fluten des Gewöhnlichen zu ertränken.

Rechnet man einmal hoch, wie viel ein größerer Marktveranstalter bei einem Trödelmarkt mit einigen Hundert Ständen einnimmt (etwa 10 000 Euro pro Veranstaltung), wird deutlich, wieso man in den letzten Jahrzehnten nach und nach jede einigermaßen geeignete Fläche zu diesem Zweck zu nutzen begann. Doch natürlich wird ein Teil dieser Gebühren dazu verwendet, den Markt öffentlich zu bewerben (genau, neonfarbene Plakate!) und die professionelle Durchführung mitsamt Endreinigung zu bezahlen. Zahlreiche helfende Hände können sich ihrerseits hier ein Zubrot zu Rente oder BAföG verdienen.

Flohs Grundausstattung
Never leave home without it

Einige Dinge sollte man als Verkäufer unbedingt auf den Flohmarkt mitnehmen, obwohl man sie garantiert nicht verkaufen wird. Sie dienen der Präsentation, dem Schutz und der Abwicklung unserer Geschäfte und bilden den festen Rahmen, die Bühne, auf der das Schauspiel stattfinden wird:

- Tapeziertisch
  (gut, an den werden Sie wohl noch denken),
  und zwar am besten ein stabiles Modell, wer hier spart,
  muss sich sehr bald wieder einen neuen anschaffen,
- ein ansprechendes Tuch als Unterlage
  (verdoppelt gleich den Gewinn),
- Plastiktüten und Zeitungspapier zum Verpacken,
- eine Plane gegen Regen
  (aus dem Baumarkt, wie zum Abdecken bei Malerarbeiten),
- ausreichend Wechselgeld,
  sonst scheitert leicht das eine oder andere Geschäft, und
- eine Kleiderstange
  zur Präsentation Ihrer Klamotten
  (auch diese stabil) – ansprechend präsentierte Kleidung bringt
  ungefähr das Doppelte wie solche vom Wühltisch.

Auf schlechtes Wetter (zieh dich warm an, Kind!) sollte man sich unbedingt vorbereiten. Acht Stunden Verkauf bei Hitze (viel Wasser und einen Sonnenhut mitnehmen) oder Kälte (Wärmekissen aus dem Drogeriemarkt und heißen Tee in der Thermoskanne) enden wahlweise mit Sonnenstich oder tauben Zehen und Fingern. Ich habe als Schüler oft genug acht Stunden lang bei minus 15 Grad verkauft, um anschließend von großem Leid berichten zu können. Heute würde ich das kaum mehr schaffen. Doch – oh Wunder! – selbst bei Schneefall, Wind und Regen kommen Kunden, und das ist doch mal ein weiterer, eindrucksvoller Beweis für das enorme Suchtpotenzial des Flohmarktes.

Die Infanterie
Verteidigen Sie Ihren Stand, so gut es geht

Die Infanterie ist vielköpfig, vielfräßig und wenig respektvoll. Sie ernährt sich von Brandschatzungen der Bestände Ahnungsloser und marodiert auf jedem größeren Flohmarkt zu früher Stunde. Knechte und Tagelöhner aller Himmelsrichtungen und Herren lauern auf eine schnelle Aufbesserung ihres Handgeldes. Sie ahnen es schon: Hier ist Wehrhaftigkeit gefragt.

Bevor Ihnen jemand in den Kofferraum klettert, wird er hieran mit scharfen Blicken, besser noch scharfer Ansprache und Augenkontakt gehindert. Glauben Sie aber nicht, dass es damit erledigt wäre. Er (dieses Fehlverhalten zeichnet überwiegend Männer aus) wird es wieder versuchen, genauso wie seine schlimmstenfalls einige Dutzend Kumpane. Alleine werden Sie kaum etwas ausrichten können. Wohl dem, der Adjutanten an seiner Seite weiß.

Ob mit oder ohne Mitstreiter – sichern Sie die Flanken Ihres Standes gegen Eindringlinge, und machen Sie in lauter Ansprache deutlich, dass Sie erst verkaufen werden, wenn man Sie in Ruhe hat aufbauen lassen. Haben Sie dies ein paar Mal wiederholt und besonders Zudringliche persönlich von Ihren Kisten gekratzt, könnte es klappen. Aber bleiben Sie wachsam …

Wollen Sie die Sache positiv sehen, freuen Sie sich darüber, dass Sie ein so vorteilhaftes Bild abgeben und man sich anhand Ihrer äußeren Erscheinung und Ihres Auftretens verspricht, Güter einigen Wertes bei Ihnen zu finden. Vielleicht können Sie aus dieser wohlwol-

lenden Fremdeinschätzung am Ende gar noch Profit schlagen? Sollte jedoch Ihre Überforderung aufgrund solch massiven Zusetzens überwiegen, dürfen Sie sich dessen ruhig auch in deutlicher Form erwehren. In welcher Kiste war noch mal Opas alter Krummdolch?

Klein-Klein
Der Stand selbst und seine Umgebung

Tischlein, deck dich! Ein Tapeziertisch oder mehrere kleine klappbare Tische aus Aluminiumrohr bilden die Grundlage unseres Standes. Auf dem Boden zu verkaufen würde ich nicht anraten, das sieht ärmlich aus, ist nicht rentnerfreundlich und erinnert an spielende Kinder, selbst auf einer Decke. Apropos Decke: Auf dem Tisch dürfen Sie darauf nicht verzichten! Ausreichend lang nach allen Seiten, ansprechend, aber nicht dominant sollte sie sein. Zur Geltung kommen soll ja die Ware.

Neben und vor dem Stand sollte ausreichend Platz frei gehalten werden – daneben, damit man den Stand auch mal verlassen kann; davor, um den Durchgang nicht zu blockieren. Denn dann wird das Publikum, gestresst von der Enge, so schnell wie möglich weiterziehen. Auch die Ware auf dem Tisch benötigt genügend Platz, um ihre Wirkung entfalten zu können. Am meisten gilt dies für Vasen, Dekorationsgegenstände und überhaupt alles Schöne.

Bücher gibt es auf Flohmärkten derart viele (und auch bei den meisten Leuten daheim), dass man sie sorgsam präsentieren muss. Viele Verkäufer machen den Fehler, sich um die Bücher wenig Gedanken zu machen und sie völlig ungeordnet in einer Kiste auf den Boden zu stellen. Meistens müssen sie die schweren Bücherkisten fast ungesehen wieder mit heim nehmen. Auf dem Tisch auf die Längsseite gestellt, den beschrifteten Rücken zum Betrachter, werden sie sich am besten verkaufen.

Ähnliches gilt für Bekleidung. Wenn Sie Hemden und Blusen frisch gepflegt auf einem Kleiderständer präsentieren, wird sich das mit Sicherheit bezahlt machen.

Zuletzt ein wirklich wertvoller Tipp: Werfen Sie einen Anker aus – natürlich nur einen optischen. Etwas Buntes, Lustiges, Unbekanntes oder Schrilles (der Militärhelm von Onkel Kalle, eine Voodoopuppe aus dem westafrikanischen Busch, ein singender Import-Teddybär), zentral platziert, wird die neugierigen Massen anlocken und Ihr Verkaufsgespräch in positive Bahnen lenken. Die Flohmarktpiraten auf Beutezug werden, von einem solchen Köder angelockt, hier ganz bestimmt vor Anker gehen.

Vergebliche Liebesmüh
Kunsthandwerk auf dem Flohmarkt verkaufen

Sie basteln gerne, nähen Taschen, Kinderklamotten, bedrucken T-Shirts, töpfern oder gestalten mit Papier? Wunderbar, viele lieben solche selbstgemachten Dinge.

Allerdings sind auf Flohmärkten nur wenige bereit, diese Kreativität und Arbeit angemessen zu bezahlen. Zu stark ist der Preisdruck angesichts all dessen, was zu Schleuderpreisen angeboten wird. Bisweilen kann die Ignoranz sogar so weit gehen wie bei jenem älteren Herrn, der kunstvoll drapierte Seifen für türkischen Honig hielt und einen kräftigen Bissen davon probieren wollte. Zum Glück konnte er daran gehindert werden.

Doch kein Grund zur Sorge: Es gibt Ausweichmöglichkeiten. Die bereits erwähnten Fachzeitschriften und Internetplattformen geben auch Auskunft über Kunsthandwerksmärkte. Diese finden weit seltener statt als Trödelmärkte und sind zeitlich eher im Frühjahr und Herbst angesiedelt. Wer mit den eigenen Werken einen ernstzunehmenden Umsatz erzielen möchte, ist aber gut beraten, diese Gelegenheiten zu nutzen und die oft etwas weitere Anfahrt in Kauf zu nehmen.

Im Netz ist www.dawanda.de, das dem US-amerikanischen Portal www.etsy.com nacheifert, kräftig im Aufbau begriffen. Kunsthandwerk guter Qualität, wie drollige Filzpuppen, handgeschöpftes Briefpapier mit eingearbeiteten Blüten oder Laptoptaschen aus Planen, findet hier seine Käufer.

Natürlich will ich Ihnen nicht ganz davon abraten, auch mal das eine oder andere Selbstgemachte auf den Flohmarkt mitzunehmen. Marmelade zum Beispiel wird von älteren Damen immer wieder gerne und wohl auch nicht ganz erfolglos angeboten. Und vor wichtigen Feiertagen wie Weihnachten oder Ostern kann man auch beim Flohmarktpublikum mit gut gearbeiteter Folklore punkten. Kränze, Gestecke und Baumschmuck sind bei solchen Gelegenheiten atmosphärisch wertvolle Umsatzbringer.

Wie viel kann ich verlangen?
Je nach Warenart verschieden

Vorweg eine allgemeine Faustregel: Mit 30 Prozent des Neupreises liegt man für ein Gebrauchsgut, das keinen besonderen Seltenheits- oder Sammlerwert aufweist, an der Obergrenze des Erlösbaren.

Unterscheidet man nach Warenarten, sieht es so aus:

- Unterhaltungselektronik neueren Datums bringt noch circa 50 % des Neupreises,
- Markenporzellan, sofern unbeschädigt, 40 bis 50 %,
- Werkzeug, Sanitär- und Elektroartikel kommen auf 30 bis 40 %,
- optische Geräte, Fotoapparate, Uhren, Ferngläser und feinmechanische Waren 30 %,
- CDs oder Schallplatten (ohne Sammlerwert) 20 bis 30 %,
- Haushaltsgeräte und Küchenartikel, wenn in appetitlichem Zustand, 20 bis 30 %,
- Marken- und Designerkleidung 20 bis 30 %,
- Kleinmöbel und Dekorationsartikel 20 bis 30 % (Achtung, Zeitgeistfaktor: derzeit sind die 1950er hoch im Kurs),
- Bekleidung ohne Label, Schuhe (wenn überhaupt) und Bücher – leider nur – 10 bis 20 %

Diese Prozentangaben werden weiter beeinflusst durch verschiedene »weiche Faktoren« wie das allgemeine Preisniveau des Marktes, das Wetter und die (unterstellte) Kaufkraft des Gegenübers. Wäre die

Bestimmung eines gültigen Preises eine einfache Angelegenheit, so müssten sich andernorts nicht Scharen von Betriebswirten damit herumschlagen.

Wenn Sie auf Nummer sicher gehen wollen, nehmen Sie Ihren Bestand vorher mit jemandem in Augenschein, der sich auskennt. Das schützt vor unbedachter Weggabe von Wertvollem. Statistisch betrachtet, kennt übrigens jeder jemanden, der eine ausgeprägte Flohmarktleidenschaft aufweist, was bei zehn bis zwölf Millionen erklärten Fans bundesweit auch nicht überrascht …

Völlig unterbewertet
Bücher auf dem Flohmarkt

Traurig, aber wahr: Selbst für nie gelesene, sehr gut erhaltene Bücher kann man auf dem Flohmarkt nur einen Bruchteil des Ladenpreises verlangen. Ein gebundenes Buch, für 20 bis 25 Euro erstanden, werden Sie kaum für über fünf Euro losschlagen können. Taschenbücher finden ihre Schallgrenze in der Regel bereits bei zwei Euro.

Natürlich herrscht ein gewisses Überangebot, bei nahezu 100 000 Neuerscheinungen jährlich allein auf dem deutschen Buchmarkt kann das nicht verwundern. Das bedeutet für alle, die wir Bücher auf dem Flohmarkt verkaufen wollen, dass diese umso sorgfältiger auszuwählen und zu präsentieren sind. Mit zwei Dutzend gepflegten Büchern, ansprechend auf dem Tisch angeordnet, werden Sie mehr einnehmen als mit 200 speckigen Schmökern, die achtlos durch- und übereinandergestapelt in Kisten unter dem Tisch liegen.

Schließlich konkurriert man nicht nur mit vielen anderen Flohmarktverkäufern, sondern auch mit zahlreichen modernen Antiquariaten pro Stadt, die Rest- und Mängelexemplare für wenig Geld anbieten.

Für zehn Euro können Sie zwei Stunden ins Kino gehen oder viele, viele Stunden mehr Kino im Kopf genießen, wenn Sie das Geld in zwei bis drei neuwertige Romane vom Flohmarkt investieren. Einer meiner Bekannten hat über den Flohmarkt inzwischen weit über 50 000 Bände aus aller Herren Ländern und Jahrhunderten zusammengetragen. Sein ehemals recht kleines Bauernhaus hat sich ob

dieser Aktivität auf drei Stockwerke mit zwölf Zimmern empor-
geschraubt. Bücher isolieren seiner
Meinung nach auch gut
gegen Lärm
und Kälte …

Stimmung!
Atmosphärische Unterstützung für mehr Spaß

Bestimmt wollen Sie auf dem Flohmarkt nicht nur etwas Geld verdienen, sondern auch Spaß haben. Damit Sie den Markt stets mit einem breiten Grinsen im Gesicht verlassen, hier einige Tipps für gute Laune.

Der wirksamste Spaßbeschleuniger gleich vorweg: Freunde! Selten ist die Gelegenheit zum Klönen so günstig, wie wenn man sechs Stunden in kommunikativer Atmosphäre nebeneinandersteht und dabei nur wenig zu tun hat. Und wenn Sie sich beim Aufpassen am Stand abwechseln, kann jeder auch mal selbst eine Runde shoppen gehen. Für Ihr Geschäft kann eine solche Standversammlung ebenfalls von Nutzen sein, denn wirkt der Verkäufer abgelenkt, kann der Kunde ungestört stöbern, und schließlich schreckt nichts mehr ab als ein einsamer Händler, der die Vorbeiziehenden mit vorwurfsvollen Blicken für ihre Kaufunlust abstraft.

Musik aus einem batteriebetriebenen Radiorekorder schafft einen angenehmen Klangteppich. Ich rate zu folkloristischer, internationaler Ausrichtung. Getränke (im Winter heiß, im Sommer gekühlt in der Kühltasche) halten bei Laune und temperieren das Flohmarktgemüt. Räucherstäbchen unterstreichen die sinnliche, psychedelische Stimmung des bunten Treibens noch weiter. (Aber Achtung: Esoterik-Allergiker könnten Sie damit in die Flucht schlagen! Sollten Sie an Ihrem Stand in erster Linie technisches Gerät oder die gesammelte Fachliteratur aus Ihrem Jura-Grundstudium loswerden wollen, ist es ratsam, auf derlei Brimborium zu verzichten.)

Übrigens: Marktschreier werden Sie auf Flohmärkten selten finden, und wenn doch, fallen sie meist als penetrante Anfänger auf. Flohmarkt ist ein kontemplatives, mitunter gar meditatives Vergnügen, das in der Regel sehr dezent vonstatten geht.

Was fürs Auge
Das Flohmarktpublikum

Einen Vormittag hinter dem Stand zu verbringen gibt einem die Möglichkeit, die Tausenden Menschen zu beobachten, die an einem vorbeiziehen. Auf einem Flohmarkt gibt es meist deutlich mehr Freaks und schräge Vögel zu sehen als normalerweise auf der Straße.

Natürlich müssen all die Hippieklamotten, Retroschlappen und Batiktücher, die auf dem Flohmarkt verkauft werden, auch von jemandem getragen werden. So kann man sich beim Publikum gute Anregungen für einen individuellen, alternativen Stil holen. Tattoos, Piercings, bunte Haare und Klamotten wogen im geruhsamen Flohmarkttempo als optischer Teppich an einem vorbei. Mit etwas Glück tritt von Zeit zu Zeit jemand aus diesem lebendigen Gesamtkunstwerk heraus und macht sich an unserem Stand als Interessent bemerkbar. Der Tanz um Geschmäcker, Stile, Kenntnisse und geheime Zeichen, um Geld, Geben und Nehmen beginnt.

Pjotrs alter Mercedes wird mit dem Secondhandkeilriemen (hoffentlich) wieder laufen, Lisas WG durch die Bogenlampe aufgehübscht, und Frau Krummbiegel hat für ihre Nachkriegsküchenmaschine doch tatsächlich noch den seltenen Reibeaufsatz ergattern können.

Der Flohmarkt ist ein sehr lebendiges Abbild unserer Gesellschaft, ihrer Bedürfnisse, Nachfragen, Trends und nicht zuletzt ihrer Skurrilitäten und Grenzbereiche. Manchmal könnte man fast Eintritt nehmen für dieses schillernde Panoptikum.

Blablablubb
Die dümmsten Sprüche am Tapeziertisch

Wenn Sie sich auf dem Flohmarkt unbeliebt machen wollen, rate ich zu folgenden Äußerungen:

Hinter dem Tapeziertisch:

»Das ist nicht billig, bitte nicht anfassen« – Entschuldigung, ich wollte Sie nicht belästigen. Vielleicht stellen Sie es besser zurück in Ihre Vitrine?

»Das hab ich von meiner Mutter geschenkt bekommen« – diesen ideellen Wert ist niemand bereit zu honorieren.

»Das kann ich auf eBay für … Euro verkaufen« – dann tun Sie es, bedenken Sie aber auch, dass dies mehr Aufwand bedeutet – und ob Sie dort wirklich mehr verdienen, steht auch in den Sternen.

Vor dem Tapeziertisch:

»Das haben wir zu Hause auch« – schön für Sie, hier will man es aber gerne verkaufen.

»Das habe ich da hinten, am anderen Stand, für viel weniger bekommen« – da haben Sie Glück gehabt, wir machen hier aber unsere eigenen Preise.

»Das bekomme ich im Laden für weniger« – in der gleichen Qualität, der gleichen Ausführung und Marke? Da lachen doch die Hühner!

»Das taugt ja nichts mehr, ist bestimmt kaputt oder gefälscht« – zum Glück ist es so teuer, dass Sie dieses Risiko sicher nicht eingehen werden.

»Ich denke noch mal drüber nach und komme gleich wieder« – diese Person wird garantiert nie wieder auftauchen. Eine der häufigsten Arten, ein Verkaufsgespräch (vermeintlich) elegant zu beenden.

Wie man in den Wald ruft, so schallt es in aller Regel auch zurück. Und ein harzig-süßer Ton kommt allemal besser an als ein paar kratzige Tannennadeln im Nacken, oder?

Verkaufen im Winter
Der Hallenflohmarkt

Im Winter kann das Verkaufen – wen wundert's? – sehr unangenehm werden. Von der Frostgrenze abwärts überlässt man die Natur doch besser den Tieren, die hierfür entsprechend ausgerüstet worden sind. Was aber, wenn Weihnachten vor der Tür steht, der Arbeitgeber das Weihnachtsgeld gestrichen hat und im Keller noch vier Kisten, die vom letzten Flohmarkt übrig geblieben sind, darauf warten, zu Geld gemacht zu werden?

Wir werfen einen Blick in unseren Flohmarkt-Terminkalender und entdecken – Hallenflohmärkte! Zwar nicht so zahlreich wie die Open-Air-Märkte in der wärmeren Jahreszeit, aber im Umkreis von 30 Kilometern sollte sich einer finden lassen. Die Veranstalter wollen im Winter ja auch Kasse machen.

Bei Hallenflohmärkten gestaltet sich die Anlieferung meist schwieriger, denn die Hallen sind oft nur über Rampen oder durch Engpässe wie Türen oder Flure erreichbar. So juckelt man sich mit Kinderwagen, Einkaufswagen oder Hunden durch diese Nadelöhre und versucht, sein Territorium im Inneren der Halle zu markieren. Die Standmieten sind etwas höher als draußen, und oft wird auch den Besuchern ein Obolus von einem bis zwei Euro für den Eintritt abverlangt.

Die genannten Widrigkeiten machen es für Profihändler mit größeren Warenbeständen unattraktiv, in der Halle zu verkaufen. Aus diesem Grund stellt sich auf Hallenflohmärkten oft die angenehme, private Atmosphäre ein, die so viele Freiluftmärkte heutzutage vermissen lassen.

Merke: Draußen sind sie alle, nicht so in der Halle.

Flohmarkt modern
eBay und andere Internetbörsen

Die Gretchenfrage
Flohmarkt off- oder online?

Seit etwa zehn Jahren hat sich zum klassischen Trödeln ein neuer Volkssport gesellt: Handel online, auf www.ebay.de, www.quoka.de und anderen Internetseiten.

Im Gegensatz zum Flohmarkt ist hier alles bereits nach Kategorien vorsortiert und nach Suchworten auffindbar, was es insbesondere Sammlern erleichtert, die gewünschten Objekte herauszufiltern.

Natürlich »fehlt« jeder Artikel, der online gehandelt wird, dem Angebot auf dem realen Flohmarkt. Am Tapeziertisch hat man außerdem ausreichend Gelegenheit, sich mit seinen Kunden persönlich zu unterhalten, bis hin zum kleinen Flirt am Rande.

Andererseits wird man auf dem örtlichen Flohmarkt der freiwilligen Feuerwehr bis zum Sanktnimmerleinstag warten, ohne dass einem ein Kenner den gesuchten Sammlerartikel angemessen honorierte, und von vielen Unkundigen für seine Preisansage wahlweise Kopfschütteln oder böse Blicke ernten.

Als Käufer kann man die Ware in die Hand nehmen, fühlen, wiegen, daran riechen und sie eingehend mit allen Sinnen erkunden. Beides ist auf eBay natürlich nicht möglich. Im schlimmsten (und häufigen) Fall wird man beim Onlinehandel so weit gar nicht kommen, da man von einem Konkurrenten überboten wird.

Sofern man seinen Schatz tatsächlich ergattert hat und er sich als fauler Zauber entpuppt, kann man seine Rechte immerhin noch mit der Androhung einer schlechten Bewertung durchzusetzen versuchen. Negative Bewertungen werden von eBay genau beobachtet, und wessen Nutzerkonto schon einmal gesperrt war, der weiß, wie sehr das einen echten Trödelfreak schmerzt.

Pros und Contras
Wann lohnt sich welcher Markt?

Zum Kauf und Verkauf von gewöhnlichem Hausrat fährt man besser auf den nächstgelegenen Flohmarkt. Niemand wird für die selten genutzte Kartoffelreibe vier Euro Porto aufwenden, zusätzlich zum Kaufpreis, versteht sich.

Sollten Sie vorhaben, auszuwandern oder zumindest umzuziehen, ist Ihnen mit einer schnellen, gründlich bereinigenden Flohmarktaktion ebenfalls besser gedient. Sie wollen sich in dieser ohnehin schon stressigen Zeit ja nicht noch die aufwendige Abwicklung zahlreicher Geschäfte via Internet und den Versand Dutzender Päckchen aufhalsen.

Natürlich sind Kundschaft und Warenangebot im Internet um ein Vielfaches größer, und bei Dingen, nach denen gezielt gesucht wird – von der Markenjeans über ein bestimmtes Computerersatzteil bis zu Liebhaberartikeln wie seltenen Münzen –, ist das Internet sowohl für Käufer als auch für Verkäufer oft die bessere Wahl.

Gängigen Plunder und Dinge, für die wir unter zehn Euro zu erlösen gedenken, fahren wir also auf den Flohmarkt. Die kleinen Schätze hingegen, die wir im Vorfeld aussortiert haben, sind online begehrter und besser bezahlt. Damit der Flohmarkt aber nicht zum Lückenbüßer verkommt, dürfen wir ruhig auch weiterhin ein paar Kostbarkeiten dorthin mitnehmen.

Informationsquelle #1
Preisauskünfte auf eBay

Auch wenn Sie allgemein nicht zur Nutzung von eBay tendieren, sollten Sie sich aus einem einfachen, aber wichtigen Grund dort zumindest ein eigenes Benutzerkonto anlegen. Fällt Ihnen nämlich beim Sortieren Ihrer Habe für den Flohmarkt etwas in die Hände, was wertvoll aussieht oder Ihnen irgendwie besonders vorkommt, können Sie mit einem eigenen Benutzerkonto die auf eBay zuletzt erzielten Verkaufspreise für ähnliche Artikel recherchieren.

Hierzu nutzen Sie die »Erweiterte Suche« in der Kopfleiste, geben im erscheinenden Suchformular die Bezeichnung Ihres Artikels ein und kreuzen »nur beendete Angebote« an. Sie erhalten eine Übersicht der in den letzten Wochen verkauften vergleichbaren Artikel. Natürlich müssen Sie Ihr Kleinod hierfür exakt benennen. Bei manchen Dingen bedeutet schon eine kleine Abweichung erhebliche Preisunterschiede.

Der Preis fällt auch verschieden hoch aus, je mehr positive Bewertungen der entsprechende Verkäufer bereits gesammelt hat, je besser er seinen Artikel fotografiert, beschrieben und in den Warenkategorien platziert hat. Bilden Sie sich einen Mittelwert aus den zuletzt erzielten Preisen, und streben Sie diesen auf dem Flohmarkt als Preis an. Sofern er zu hoch angesetzt ist, wird man Ihnen das zu verstehen geben, und Sie müssen noch etwas nachlassen.

Als Anhaltspunkt für eine realistische Preisforderung kann die beschriebene Methode jedenfalls dienen. Und wenn mal so gar nichts geht auf dem Flohmarkt, machen Sie sich nichts daraus: Digitalkamera raus, den Artikel schön abgelichtet, und ruck, zuck steht er im Netz, wo ihn nicht nur Herr Köhlmann von drei Blocks weiter, sondern auch der spleenige Sammler aus Chicago erspähen kann.

Flohmarkt 2050
Alles anders oder so weiter?

2050: Der Alltag ist weitgehend entmaterialisiert. Die stilbildenden Ikonen der europäischen Industrieepoche befinden sich im Besitz der Museen und einiger reicher Sammler. Das Auftauchen von unentdeckten Exemplaren führt regelmäßig zu heftigen Verteilungskämpfen, bei denen sich in der Regel hochspezialisierte Materieagenten durchsetzen, die älteren Jahrgangs und daher noch mit der nichtdigitalen Handelsmethode vertraut sind …

Mein Funktionsunterhemd schlägt Alarm: Zwei Häuserblocks weiter muss sich eine orangefarbene Stehlampe befinden, zweiflammig, Aluminium, etwa 1,80 Meter hoch. Jetzt aber schnell! Die Konkurrenz schläft nicht. Hoffentlich ist niemand mit der neuen Sensortechnik unterwegs, sonst komme ich wieder zu spät. Das Geschäft ist zu schnell geworden für einen alten Mann.

Oh nein, als hätte ich es geahnt, schon wieder war einer schneller. Kein Wunder, mit dessen Ausrüstung hätte ich das auch geschafft. Ich sollte mich langsam aufs Altenteil zurückziehen. Wie schön war das doch früher, als man noch die Zeit hatte, sich stundenlang an einen angenehmen Ort zu stellen und im Handel auch das Zusammentreffen zu kultivieren.

Zum Glück kann ich mich zurückziehen in meine eigene Welt und in den Erinnerungen an diese glücklichen Zeiten schwelgen. Bin ich froh, dass ich mich mit den heutigen Verhältnissen nicht mehr auszukennen brauche. Seit sie die Bewusstseinstankstellen eingerichtet haben, ist alles so anders geworden. Da braucht ja keiner mehr Dinge, an denen sich Gedanken festmachen können. Eigentlich schade, nicht?

Danksagung

Ich danke allen, die Woche für Woche den Tapeziertisch aufbauen und uns den Rahmen für unsere kleinen materiellen Wünsche, Hoffnungen und Träume geben.

Ebenso denen, die mir als Kunden durch ihren Kauf bestätigen, die richtigen Dinge ausgewählt zu haben, um ihnen Freude zu bereiten.

Pascale Breitenstein danke ich für ein konstruktives, wohldosiertes Lektorat, dem Knesebeck Verlag für das Vertrauen in meine Arbeit und meine Kenntnisse.

Die Autoren

Sebastian Münz, 1973 in Mainz geboren, lebte viele Jahre direkt neben einem der größten wöchentlich stattfindenden Flohmärkte Deutschlands am Sachsenhäuser Mainufer in Frankfurt. Seither hat der studierte Wirtschaftsjurist, der hauptberuflich als Personalvermittler in der Entwicklungszusammenarbeit tätig ist, über 2000 Flohmärkte besucht und selbst Hunderte Vormittage als Verkäufer zugebracht. Im Jahr 2004 erschien sein Buch *Flohmarkt. Märkte, Waren, Menschen*. Sebastian Münz tritt regelmäßig auf Bühnen, im Radio und Fernsehen als Flohmarktexperte auf. Weitere Informationen zum Autor finden Sie auf www.flohmarktbuch.de.

Gudrun Bürgin, geboren 1974, studierte Mode- und Kommunikationsgrafik. Heute lebt sie als freischaffende Grafikerin, Illustratorin und Buchgestalterin in München.

Bibliografische Information Der Deutschen Nationalbibliothek
Die Deutsche Nationalbibliothek verzeichnet diese Publikation
in der Deutschen Nationalbibliografie; detaillierte bibliografische
Daten sind im Internet unter http://dnb.d-nb.de abrufbar.

Deutsche Originalausgabe
Copyright © 2008 von dem Knesebeck GmbH & Co. Verlags KG, München
Ein Unternehmen der La Martinière Groupe

Gestaltung und Satz: Gudrun Bürgin
Druck: freiburger graphische betriebe, Freiburg
Printed in Germany

ISBN 978-3-89660-523-8

Alle Rechte, insbesondere das Recht der Vervielfältigung und
Verbreitung, vorbehalten. Kein Teil des Werkes darf in irgendeiner
Form (durch Fotokopie, Mikrofilm oder ein anderes Verfahren)
ohne schriftliche Genehmigung des Verlags reproduziert oder unter
Verwendung elektronischer Systeme verarbeitet, vervielfältigt
oder verbreitet werden.

www.knesebeck-verlag.de

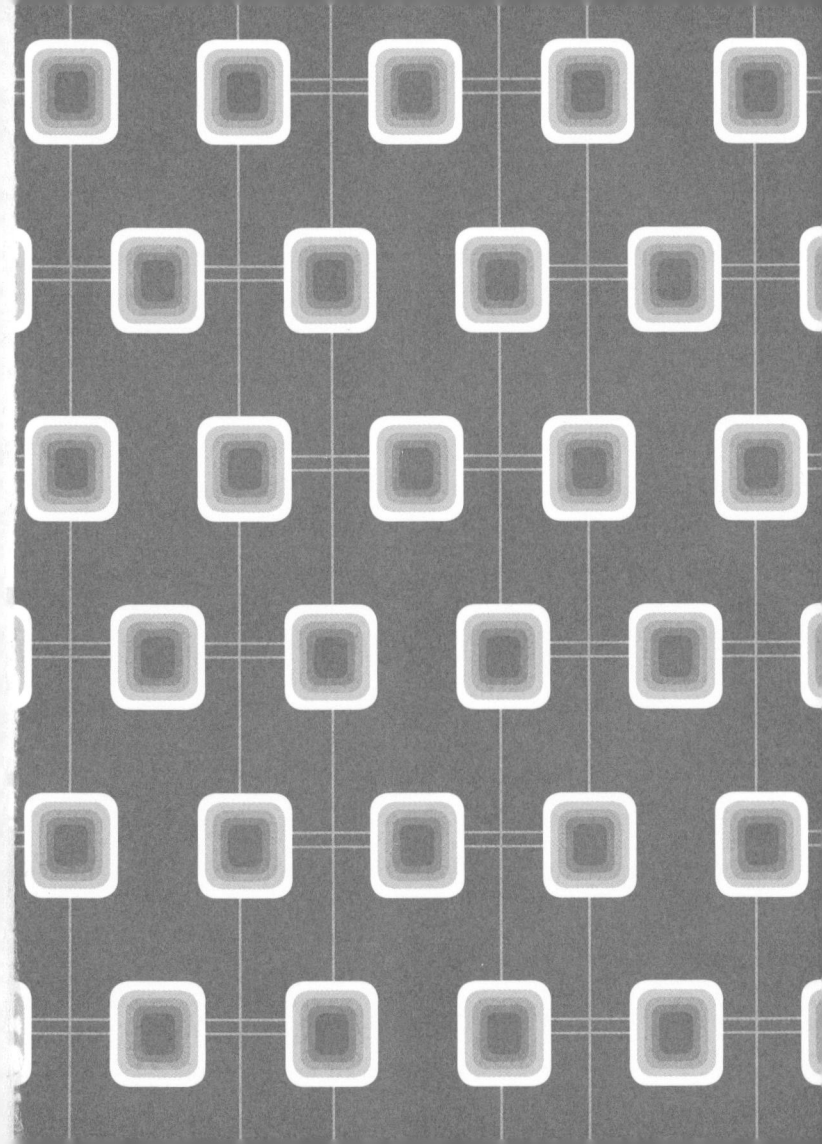

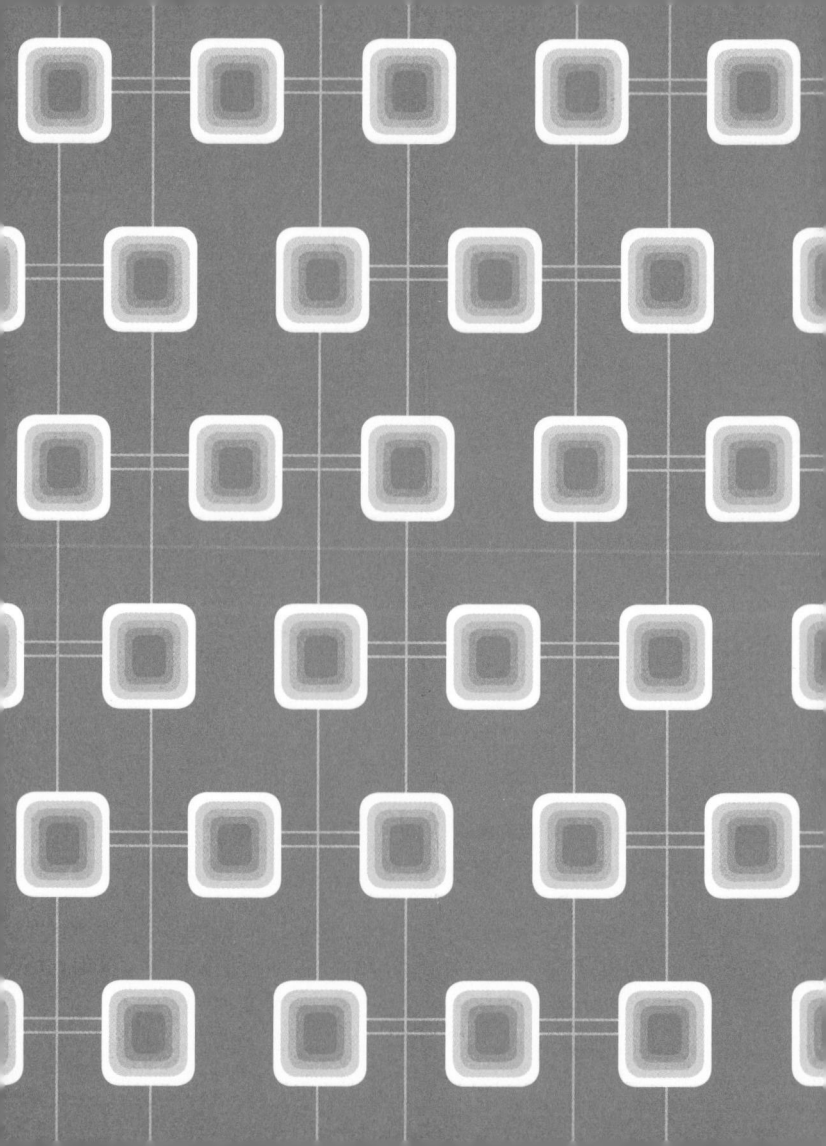